GUILLAUME DE MARCILLAT

PRIEUR DE SAINT-THIÉBAUT

DE SAINT-MIHIEL

PAR

LÉON GERMAIN

Bibliothécaire de la Société d'Archéologie lorraine.

NANCY

TYPOGRAPHIE DE G. CRÉPIN-LEBLOND, PASSAGE DU CASINO.

—

1887

GUILLAUME DE MARCILLAT

PRIEUR DE SAINT-THIÉBAUT

DE SAINT - MIHIEL

Il y a quatre ans, nous avons reproduit l'opinion d'un savant distingué touchant l'origine lorraine du célèbre peintre verrier Guillaume de Marcillat (1) ; un peu plus tard, nous avons rappelé les témoignages conformes de plusieurs éminents écrivains et critiques d'art (2) ; ensuite, néanmoins, nous avons tenu à résumer les découvertes faites nouvellement, sur ce maître de la renaissance, et à montrer qu'il n'est plus guère possible de le croire natif de Saint-Mihiel (3). En effet, dans son testament, Marcillat se dit originaire de la Châtre (4),

---

(1) *Du lieu de naissance du frère Guillaume, peintre verrier* ; Nancy, 1883, extr. du *Journal de la Soc. d'Arch. lorr.*

(2) *Guillaume de Marcillat* ; Nancy, 1885.

(3) *L'origine de Guillaume de Marcillat* ; Nancy. 1886.

(4) Ce testament a été publié, traduit et annoté, par MM. Henry Jouin et Anatole de Montaiglon dans la *Revue de l'art français*, 1886, p. 49 et suiv. — En 1866, M. de St-Morys (*Ca-*

et c'est dans le couvent des Dominicains de Nevers qu'il entra en religion (1). Quant aux expressions de l'acte de 1524 *Priore di S° Teobaldo di S° Michele*, il semble que ce dernier nom désigne, non pas le lieu de naissance du prieur, mais la situation géographique du prieuré.

Marcillat fut-il réellement prieur de Saint-Thiébaut de Saint-Mihiel ; comment, étranger à la Lorraine et habitant Arezzo, a-t-il pu, en 1524, se parer de ce titre ? Tel est le problème qui se pose aujourd'hui, mais dont la solution paraît très difficile et les éléments fort complexes. Essayons d'apporter quelques données nouvelles, et de bien fixer la position de la question.

M. A. Jacob, archiviste de la Meuse, a retrouvé les noms de huit prieurs de Saint-Thiébaut (2) ; il y a une

tal. des dessins du Louvre, p. 23) mentionne : MARCILLAT. Chartres et Bourges, † 1529 ; M. Carlo Milanesi, publiant, en 1859, le testament de Marcillat, avait traduit *la Sciatra* par *Chartres*, au lieu de *La Châtre*, qui était du diocèse de Bourges, comme il est dit dans ce document.

(1) Dans son article de l'*Intermédiaire* (1879, col. 688), M. Meaume s'est évidemment trompé en plaçant à Arezzo l'aventure qui força Marcillat à entrer dans l'ordre des Dominicains. « Dans mon édition de Vassari, nous écrit l'un de nos confrères qui a recouru pour nous à cet ouvrage, je trouve cette phrase qui ne laisse aucun doute ; je traduis littéralement : « Celui-ci, *dans son pays*, persuadé par les prières de quelques amis, assista à la mort de l'un de leurs ennemis ; c'est pourquoi il fut contraint de prendre l'habit de moine dans la Religion de Saint-Dominique, *en France*, pour échapper à la cour et à la justice.

(2) Deux prieurés du nom de *Saint-Thiébaut* dépendaient de l'abbaye de Saint-Mihiel : 1° Le prieuré de Saint-Thiébaut-lès-Saint-Mihiel, abandonné aux Minimes, qui en prirent possession le 25 octobre 1598 (Dom de l'Isle, *Hist. de l'abbaye de Saint-Mihiel*, 1757, p. 237 ; cf. Roussel, *Hist. de*

lacune de 1510 à 1534 (1). Vers cette époque, il y eut de grandes contestations pour la nomination des abbés de Saint-Mihiel, monastère dont dépendait le prieuré de Saint-Thiébaut. Les religieux soutenaient que leurs constitutions et privilèges leur donnaient le droit d'élection ; le Saint-Siège, se prévalant de l'usage de réserves dont ce n'est pas ici le lieu d'étudier l'historique et la valeur juridique, entendait s'attribuer ce droit. Par suite, lorsque s'ouvrait une vacance, il arrivait souvent que deux titulaires se trouvaient en présence, l'un élu par les religieux, l'autre nommé par le pape ; de là, des conflits, de longs et coûteux procès, des démarches qui amenaient l'intervention des princes et parfois la désignation d'un nouveau titulaire. Généralement une transaction terminait le débat ; celui des concurrents qui était le moins soutenu ou que des intérêts plus importants détournaient du but poursuivi, abandonnait ses prétentions, moyennant une compensation ou pension plus ou moins considérable ; mais, peut-être conservait-il quelquefois induement le titre d'abbé de Saint-Mihiel, et continuait-

Verdun, 1745, ch. XI, p. ciij) ; 2° Le prieuré de Saint-Thiébaut-sous-Bourmont, possédé en *titre* par un religieux (Dom de l'Isle, p. 515 ; cf. Benoît Picart, *Pouillé... de Toul*, 1711, tome I, p. 462).

(1) A la liste des prieurs de St-Thiébaut donnée par M. Jacob, on peut ajouter un nom, mais sans indication de date. M. Dumont, *Hist. de Saint-Mihiel*, tome 1ᵉʳ, dans le supplément, qui contient la série des fondations dans l'abbaye, nomme, page 378, Didier Tartrat, dont parle M. Jacob, et page 379 : « Messire Jacques de Tronville, jadis prieur de St-Thiébaut du Faubourg ». Cf. notre travail *Monuments funéraires de l'église St-Michel à St-Mihiel* ; Bar-le-Duc, 1886, p. 104.

il à distribuer, à titre purement nominal, les bénéfices dépendant de l'abbaye qui devenaient vacants.

Les compétitions qui eurent lieu à l'époque où vivait Marcillat commencèrent en 1480. Ouvrons l'*Histoire de l'abbaye de Saint-Mihiel*, publiée en 1757, par Dom Joseph de l'Isle, prieur claustral du monastère :

« En 1480, dit-il, le Pape Sixte IV envoya Légat en France son Neveu nommé Julien, Cardinal du titre de saint Pierre aux Liens, à qui il accorda la réserve sur plusieurs Abbayes de Lorraine et Barrois ; entr'autres de Gorze, St. Mihiel, St. Vanne et St. Paul de Verdun. dont ce Cardinal disposa en faveur d'autres Sujets, par pensions ou autrement, selon qu'il le jugea à propos (1). »

Il y a lieu de croire que plusieurs de ces réserves n'étaient qu'expectatives, notamment celle qui concerne l'abbaye de Saint-Mihiel. Ce monastère avait alors pour abbé Wary de la Walle. Vers 1493, il se démit de cette dignité et eut pour successeur Gérard de Fresnel, qui, après sa mort, arrivée le 19 juillet 1505, fut lui-même remplacé par Pierre du Châtelet, décédé vers 1515.

Les historiens de Saint-Mihiel oublient de dire que le cardinal Julien n'était autre que le futur pape Jules II (Moreri, v° *Cardinal*, promotion de 1471). Il succéda, en effet, à Pie III, sur le trône pontifical, en 1503, et assigna, en la même année, son titre cardinalice à son neveu

---

(1) Dom de l'Isle, l. c., p. 189, d'après Wassebourg. lib. 7, fol. 626. Cf. Dumont, *Hist. de Saint-Mihiel*, t. I, 1868, p. 184.

Galliot Franciotti de la Rovère. Celui-ci mourut en 1508, année même où l'on voit Jules II nommer cardinal du titre de Saint-Pierre-aux-Liens un autre de ses neveux, Sixte Gara de la Rovère, décédé en 1517. C'est alors, sans doute, qu'un troisième neveu du pape, Léonard de la Rovère, créé cardinal du titre de Sainte-Suzanne en 1505, hérita de celui de Saint-Pierre-aux Liens ; il mourut en 1520.

Cette énumération des possesseurs successifs du titre cardinalice de Saint-Pierre-aux-Liens était nécessaire, parce que l'un d'eux sera cité dans la suite, sans que son identité ait été jusqu'ici reconnue : nous voulons parler de Léonard de la Rovère. qui, avant de s'être vu attribuer le titre en question, avoit été, en 1505, nommé cardinal prêtre du titre de Sainte-Suzanne et hérita, immédiatement ou non, de la réserve donnée, sur l'abbaye de Saint-Mihiel, à son oncle le pape Jules II, avant que celui ne parvînt au souverain pontificat.

Selon les apparences, Gérard de Fresnel et Pierre du Châtelet ne purent jouir de leur dignité d'abbé régulier de Saint-Mihiel, qu'après avoir pris l'engagement de payer une pension au réservataire romain. La chose paraît certaine pour le second ; mais le problème se complique par le fait de la collation que les réservataires primitifs paraissent avoir faite de leurs prétentions à des tiers.

L'historien de l'abbaye de Saint-Mihiel, dit en effet : « Dom Pierre du Chatelet payoit encore la pension, que le Cardinal Julien du titre de saint Pierre aux-Liens tiroit de l'Abbaye de St. Mihiel, en vertu de la réserve que le Pape Sixte IV son Oncle lui avoit faite sur cette Abbaye en 1480. Ces réserves étoient communes en ces tems-là ; il arrivoit souvent que ceux qui donnoient ou résignoient des Evêchés et des Abbayes, se réservoient la plus grande partie des fruits, et quelque fois même le droit d'y rentrer ; on trouve des exemples sans nombre de cet usage, qui fut occasionné par le schisme des Papes d'Avignon (1).

D'un autre côté, M. Dumont parle d'un procès qui aurait eu lieu entre Pierre du Châtelet et un certain « évêque romain nommé Antoine », pourvu de l'abbaye de Saint-Mihiel « par le cardinal de Sainte-Suzanne » (Léonard de la Rovère). La pension payée par Pierre du Châtelet aurait été la conséquence du désistement de l'évêque, par une sorte de transaction comme celles qui terminaient généralement tous les procès de ce genre.

« Gérard de Fresnel, dit-il,… eut pour successeur Pierre du Châtelet ancien Prieur du Vieux-moutier et membre de la famille du Châtelet dont l'influence ne lui fut pas inutile ; car son élection fut contestée d'une façon aussi grave qu'inattendue. Par suite de la réserve papale dont nous avons parlé et en vertu d'une autre venant aussi de Rome, qui n'en était pas avare, nn évêque romain nommé Antoine, se disant pourvu par le cardinal de Sainte-Suzanne, réclama le titre d'Abbé de Saint-Mihiel et porta l'affaire au parlement de Paris. On ne voit pas que le couvent y ait pris autant de part que Pierre du Châtelet, qui y avait en effet plus d'intérêt que ses religieux. Le 24 octobre 1506 il fut maintenu et la prétention du prélat romain rejetée, ce qui ne dispensa pas P. du Châtelet de donner une portion de

____

(1) Dom de l'Isle, l. c., p. 200 et suiv.

son revenu à quelque autre réservataire, représentant du cardinal de Saint-Pierre-aux-Liens (1). »

Comme on le voit, M. Dumont n'a pas su reconnaître que « le cardinal de Sainte-Suzanne » et le « cardinal de Saint-Pierre-aux-Liens » ne sont qu'une seule et même personne, Léonard de la Rovère, identité qui ressort de ce que nous avons dit plus haut.

A la mort de Pierre du Châtelet, vers 1515, surgirent de nouvelles contestations, sur lesquelles les historiens locaux n'ont pu réussir à apporter la lumière ; écoutons donc, l'un après l'autre, les deux principaux d'entre eux.

« On ne sait pas précisément, dit Dom de l'Isle, le tems de la mort de l'Abbé Pierre du Chatelet.... Il conste par une Chartre de 1511 que cet Abbé étoit encore en vie.... ; mais il paroît qu'il ne survêquit pas au-delà.

» Le Cardinal Raphaël de Voltére fut Successeur de D. Pierre du Chatelet. On ne voit pas que les Religieux de St. Mihiel l'ayent postulé pour leur Abbé, ou qu'il le soit devenu par résignation. Il est donc à présumer que le Pape lui donna notre Abbaye *proprio motu*. Peut-être que Wary de la Valle en résignant en Cour de Rome, donna occasion à Sa Sainteté d'en agir ainsi. Mais, il (Raphaël) ne fut pas long-tems Abbé, ayant résigné en 1512 son Abbaye à Louis de Lorraine Evêque de Verdun . On pourroit conjecturer avec fondement, qu'il y fut obligé par les plaintes que René II Duc de Lorraine fit de ce que, contre l'usage, le Pape avoit mis un Abbé dans la plus célèbre Abbaye de ses Etats ; de sorte que, pour lui donner satisfaction, le Cardinal Voltere la résigna au quatrième fils de ce Prince (2). »

(1) Dumont. l. c., 1, 201-202.
(2) Dom de l'Isle, l. c.,

De son côté, M. Dumont, en son style ordinaire de sceptique, s'exprime ainsi :

L'époque de la mort de l'Abbé du Châtelet n'est pas bien précise ; il y a néanmoins apparence que ce fut en 1515. Quant à son successeur immédiat, la difficulté n'est pas moins grande. Selon les uns, ce fut le cardinal *Raphaël de Vulterre*, selon d'autres, *François*, évêque de Tivoli, et enfin le cardinal *Louis de Lorraine*, évêque de Verdun (1). Un inventaire mentionne un acte perdu indiquant que Léon X donna à Louis de Lorraine l'Abbaye vacante par la cession de l'évêque de Tivoli. Dom de l'Isle n'a rien démêlé de cet embarras historique en un temps où l'archive était plus complète, ainsi on ne doit pas s'étonner que de nos jours cette énigme reste insoluble. Ce qu'on peut conjecturer, c'est qu'aussitôt après la mort de l'Abbé du Châtelet, Rome intervint pour confisquer ce gros bénéfice et qu'il fallut le crédit d'un homme puissant pour l'en tirer (2). »

En somme, Louis de Lorraine, évêque de Verdun, resta abbé de Saint-Mihiel ; mais, comme il n'était pas engagé dans les ordres et n'avait aucun goût pour l'état écclésiastique, il abandonna, vers 1522, tous ses bénéfices pour suivre, sous le titre de Comte de Vaudémont, la carrière militaire et trouver la mort près de Naples, au mois d'août 1528. Son successeur sur le siège abbatial de Saint-Mihiel fut René de Marye, dit de Vacincourt, qui mourut en 1531.

La *Gallia christiana* indique le « cardinal de Volterre »

---

(1) Louis de Lorraine ne fut jamais cardinal ; M. Dumont confond, sans doute, avec son frère Jean.

(2) Dumont, l. c., I, 200.

comme le successeur, non pas de Pierre du Châtelet, mais de Gérard de Fresnel, mort en 1505. Il serait entré en procès, en 1506 et 1507, avec Pierre du Châtelet, qui aurait obtenu contre lui, le 24 octobre 1506, l'arrêt du Parlement de Paris que mentionne M. Dumont en ne rappelant que le nom de l' « évêque romain nommé Antoine ».

Le chanoine Roussel, dans son *Histoire de Verdun*, se range à la même opinion, en donnant la succession suivante des abbés de Saint-Mihiel :

« Gérard de Fresnel est nommé en des actes de 1493. Il mourut en 1505.

« Raphael Volterranus, cardinal, en 1507.

« Pierre du Chatelet, vers 1507, 1510 et 1512,

« Louis de Lorraine, évêque de Verdun, depuis 1513.

« René de Marie, depuis 1524 jusqu'en 1531, année de sa mort. (1) »

Dom Calmet, dans sa liste des Abbés du même monastère, adopte, au contraire, la même opinion que Dom de l'Isle et M. Dumont, en plaçant, à l'année 1515 : « Raphael Valtier Cardinal (2) ».

Quel était donc ce cardinal Raphaël, dont les historiens ne font pas connaître le titre cardinalice et dont ils écrivent le nom de famille d'une façon si variée ? C'est en vain que nous l'avons cherché dans la liste de Moréri , et dans le grand ouvrage de Ciaconius, qui passe pour le plus complet et le plus autorisé (3).

---

(1) Roussel, l. c., édit. de 1863-64, II, 251.

(2) Dom Calmet, *Hist. de Lorr.*, 1re édit., III, clix.

(3) *Alph. Ciaconii vitæ et res gestæ pontificum romanorum et cardinalium*. Romæ 1677, 4 vol. in-fol.

Nous ne voyons, vers le temps où vivait Marcillat, que deux cardinaux du prénom de Raphaël, savoir : Raphaël Sansoni Riario, cardinal-prêtre du titre de Sainte-Sabine en 1477, mort en 1521 ; et Raphaël Petrucci, cardinal-prêtre du titre de Sainte-Suzanne en 1517, mort en 1522. Cependant les désignations *de Volterre* ou *Volterranus* ne sauraient guère s'appliquer qu'au célèbre écrivain *Raphaël Maffei*, dit *Volaterranus* ou *le Volterran* (*Rafaelo Volterrano*), né en 1451, suivant Tiraboschi, à Volterra, dans la Toscane, et mort le 23 ou le 25 janvier 1522 (n. st.) ; on a peu de détails précis sur ses actions ; les biographies (1) ne disent pas qu'il ait obtenu des titres ecclésiastiques. Sa vie a été publiée à Rome en 1722, par Benedetto Falconcini, évêque d'Arezzo, qui s'attache surtout à faire ressortir les vertus et la haute piété de ce personnage (2). » En lui donnant le ...re de prince de l'Eglise, les historiens l'auraient-ils confondu avec son parent le cardinal Bernardin Maffei, nommé en 1549, mort en 1553 (3) ?

Il y a là une question à résoudre, sur laquelle nous appelons l'attention des historiens spéciaux. Pourrait-on retrouver les pièces de ce procès jugé par le Parlement de Paris le 24 octobre 1506 ? Quel était au juste l' « évêque romain nommé Antoine » qu'y fait interve-

(1) V. : Moréri, éd. de 1759, VII, 33, v° *Maffée* (*Bernardin*) *cardinal* ; la *Biogr. univ.* de Michaud, et la *Biogr. génér.* de Hoefer.

(2) *Biogr. univ.* de Michaud.

(3) Deux autres membres de la même famille devinrent plus tard cardinaux : Marc-Antoine, en 1570 († 1588), et Horace, en 1606 († 1609).

nir M. Dumont ? A quelle famille appartenait aussi
« François, évêque de Tivoli, » dont parle le même
auteur ?

Serait-ce l'un de ces prélats italiens, abbés titulaires
ou présomptifs de Saint-Mihiel, qui aurait conféré à
Guillaume de Marcillat le titre de prieur de Saint-
Thiébaut ?

Cette idée était venue à la pensée d'un de nos confrères
les plus versés dans l'histoire du Barrois, M. le conseiller Paul Lallemand, et nous le remercions de nous en
avoir fait part, parce qu'elle ouvre une voie nouvelle
aux recherches ; mais, lui-même nous en fait la remarque, c'est bien après 1515 que le frère Guillaume se
qualifia prieur.

Fixons les dates. En 1509, le Pape autorise l'artiste à
quitter les Dominicains, pour entrer soit dans l'ordre des
Chanoines réguliers, soit dans celui des Bénédictins ;
il lui interdit, en même temps, la recherche ou l'accepta
tion de tout bénéfice (1) ; il résulte de toutes les
probabilités que Marcillat se fit agréger à l'ordre béné-
dictin. En 1518, il passe un marché pour la confection
des vitraux du dôme d'Arezzo et s'établit dans cette
ville. Dans un acte du 31 décembre 1520, il est ainsi
désigné : « *Domino Petri de Marcigliath, presbitero
Subitaniensis diocesis* (2) » ; malheureusement, personne encore n'a pu découvrir quel était ce diocèse. Enfin,
dans un titre du 28 janvier 1524, il se qualifie « *Priore
di S° Teobaldo di S° Michele, diocesi di Verduno, in*

(1) V. *Revue de l'Art français*, 1886, p. 50.
(2) *Ibid.*, p. 210.

Francia (1). Nous ne croyons pas que Marcillat ait pu recevoir cette qualification bénédictine avant le moment où il se sépara des Dominicains, ni même beaucoup avant 1524 (puisqu'en 1520 il est qualifié *Presbitero Subitaniensis diocesis*) ; et, par suite de la défense, faite en 1509, de recevoir à l'avenir un bénéfice, nous pensons que ce titre de prieur n'était que nominal, une pure distinction honorifique ; cependant il faut qu'elle ait été accordée par un dignitaire qui était ou se prétendait abbé de Saint-Mihiel, et dont il serait intéressant de connaître le nom. Les abbés réels en 1520-1524 étaient, ne l'oublions pas, l'évêque de Verdun, Louis de Lorraine, puis, vers 1522, René de Marye, originaire du Barrois.

D'après Vasari, qui a le défaut de ne pas assez indiquer les dates, Marcillat aurait reçu le titre de prieur (il ne cite pas le monastère) un peu avant de venir habiter Arezzo.

« Pendant son séjour à Cortone, dit-il, mourut, à Arezzo, Fabiano di Stagio Sassoli, Arétin, qui fut un bon maître dans l'art de peindre les grandes verrières. Par suite, les fabriciens de l'évêché conflèrent trois fenêtres de chacune vingt brasses, qui sont dans la chapelle principale, l'une à Stagio, fils du dit Fabien, et (les autres) à Domenico Pecori, peintre. Quand elles furent finies et posées, elles ne satisfirent pas beaucoup les Aretins, bien qu'elles fûssent fort bonnes et plutôt dignes de louanges que de blâme.

(1) *Ibid.*, p. 87.

» Il advint alors que Messer Ludovico Bellichini, excellent médecin, un des premiers dans le gourvernement de la ville d'Arezzo fut appelé à Cortone pour soigner la mère du Cardinal. Il se lia intimement avec le dit Guillaume, et quand il en avait le temps, s'entretenait volontiers avec lui, et Guillaume pareillement, qui *alors s'appelait le Prieur*, pour avoir, à cette époque, (di que'giorni) obtenu le bénéfice d'un prieuré (1). »

C'est Bellerini qui décida Marcillat à se fixer à Arezzo. Nous ne voyons pas que l'époque précise de la mort de Fabiano Stagio Sassoli soit marquée par Vasari ; elle aurait fait connaître, si son allégation est vraie, celle de l'obtention du prieuré ; mais si cette date est antérieure à 1520, comment se concilierait-elle avec le *Presbitero Subitaniensis diocesis* du 31 décembre de cette année ?

Nous terminons par l'extrait suivant des procès-verbaux de la Société nationale des Antiquaires de France, séance du 1er septembre 1886 : « M. E. Muntz communique les photographies des vitraux du célèbre peintre-verrier français Guillaume de Marcillat au dôme d'Arezzo (1518 et années suivantes). Il annonce en même temps qu'il est en mesure d'établir que l'artiste, contrairement à l'opinion reçue, appartient à une famille berrichonne, non à une famille lorraine. Dans son testament, Guillaume déclare que son père est originaire de La Châtre, dans le diocèse de Bourges. Or, d'après une communication de M. de Champeaux, plusieurs membres de la famille Marcillat ont joué un rôle dans l'histoire

(1) N'ayant pas Vasari sous la main, nous devons cette traduction à l'obligeance de M. le conseiller P. Lallemand.

artistique du Berry. L'un d'eux, Guillaume de Marcillat, évidemment un des ancêtres du peintre-verrier, travaillait en 1407 à la charpenterie des maisons de la Sainte-Chapelle de Bourges. Son père, qui portait le même prénom, était maître des œuvres de charpenterie du duc de Berry. La localité de Marcillat, chef-lieu de canton dans l'Allier, faisait autrefois partie du Berry (1). »

Tout ce qu'on vient de lire était déjà composé lorsqu'il nous est venu à l'idée de consulter sur la question l'un de nos correspondants italiens, en lui adressant une demande très précise : quels étaient le nom de famille et les dates d'épiscopat de *François, évêque de Tivoli*, cité par M. Dumont comme existant vers 1515. C'est au savoir et à l'obligeance de M. le chevalier A. Bertolotti, l'érudit directeur des Archives d'Etat à Mantoue et Brescia, que nous eûmes recours. Sa réponse, dont nous allons traduire les principaux passages, vient apporter une lumière nouvelle sur le problème qui nous occupe.

Dans l'*Italia sacra* d'Ughelli, nous écrit notre docte correspondant, il n'est fait mention que de Camille Leonini, évêque de Tivoli de 1509 à 1528. « J'ai cherché dans d'autres livres le *François, évêque de Tivoli*, et, dans le *Dizionario d'erudizione storico-ecclesiastica* de Moroni, j'ai trouvé, au volume LXXVI, page 194, ce qui suit :

« Ici j'observerai avec Marini que Camille Leonini

(1) *Revue de l'Art chrétien*, 1887, p. 97 ; cf. *Bull. monumental*, 1886, p. 530; *Bull. de la Soc. des Antiq. de France*, 1886, p. 237.

» doit avoir cédé de quelque manière , pour un temps,
» l'évêché de Tivoli au cardinal François Soderini, qui,
» dans plusieurs bulles et brefs , s'intitule évêque de
» Tivoli à partir de 1514, et encore dans les lettres de
» Sadoletto, dans le journal de Grassi et dans une lettre
» de lui-même, citée par Manni au tome III des sceaux,
» page 58. Mais Camille recommence à s'intituler évê-
» que tiburtin en 1518 et non plus Soderini, qu'Ughelli
» (*Italia sacra*) n'a pas connu. »

» Comme vous le voyez, il s'agit du fameux cardinal
de Volterre, que le pape Adrien VI fit ensuite enfermer
au château Saint-Ange, où il resta prisonnier, à cause
de nombreux complots politiques , entre autres d'avoir
tenté de pousser François Ier, roi de France, à la con-
quête de la Sicile.... Ce cardinal François Soderini...
eut plusieurs évêchés au temps où la simonie régnait
à la cour papale... »

Le *Dictionnaire* de Moréri (art. *Cardinal)* mentionne
ainsi ce personnage dans la promotion de 1503, sous
Alexandre VI :

« François Soderini , Florentin, évêque de Volterra,
prêtre cardinal du titre de sainte Susanne, évêque de
Saintes et d'Ostie, doyen du sacré collège. » Mort en
1524.

Les grands ouvrages français de biographie ne lui
consacrent pas d'articles particuliers ; mais, à celui de
son frère, Pierre Soderini, gonfalonnier perpétuel de
la république florentine, M. S. Sismondi , dans la *Biographie universelle* de Michaud , dit ceci, à propos du
pape Léon X, élu en 1513 : « Celui-ci, quoique ennemi
de la maison Soderini , avait été porté au saint-siège

par le cardinal Soderini, frère de Pierre, par suite d'une convention secrète faite au conclave. »

On trouve dans le grand ouvrage, déjà cité, de Ciaconius (t. III, p. 203), un article assez important sur François Soderini ; il y est parlé de plusieurs évêchés qu'il posséda, mais non de celui de Tivoli. On y remarque la confirmation du surnom de ce prélat : le cardinal de Volterre (*Cardinalis Volaterranus*).

Voici maintenant la nouvelle question qui se pose ; nous nous bornons à la formuler, n'étant pas en état de la résoudre et espérant que d'autres, guidés par les renseignements que nous rapprochons, pourront le faire plus aisément : François Soderini ne serait-il pas le cardinal *de Volterre (de Voltére, Voltere, de Vultarre, Volterranus, Valtier*) que les historiens lorrains disent avoir été abbé de Saint-Mihiel et auquel ils auraient donné par erreur le prénom de Raphaël, le confondant avec l'écrivain beaucoup plus connu, mais nullement cardinal, *Raphaël* Maffei, dit *de Volterre* ou le Volterran ?

Encore un autre point bien curieux à examiner par ceux qui s'y trouveront compétents : François Soderini était en relations avec l'ordre des Camaldules (1) ; ne serait-ce point lui qui aurait engagé Marcillat à choisir cet ordre pour rentrer en religion après qu'il eut quitté les Dominicains, et ce rapprochement n'est-il pas de

(1) « Post Pium III, Cardinalis Volaterranus ordini Cisterciensium et *Camaldulensium*, à Julio II, in Protectorem, et in domum refugii, loquor enim cum Petro Delphino Generali ordinis Præfecto, tributus, quem Delphinus idem prudentia, doctrina, vitæ integritate insignem dixit. » (Ciaconius, l. c.)

nature à confirmer l'existence de relations entre François Soderini, Guillaume de Marcillat et l'abbaye de Saint-Mihiel ?

En somme, il semble, quant aux réservataires romains de cette abbaye, que Léonard de la Rovère, cardinal de Sainte-Suzanne, puis de Saint-Pierre-aux-Liens, conserva, de 1505 environ jusqu'à sa mort, en 1620, ses prétentions sur l'abbaye ; mais que, avec la participation du pape, il en pourvut, vers 1506, l' « évêque romain nommé Antoine » et, un peu plus tard, peut-être dès 1506 et sûrement avant 1512, soit Raphaël Maffei, dit de Volterre, soit François Soderini, dit le cardinal de Volterre ; il est certain que ce dernier, étant évêque de Tivoli, vers 1515, prétendait à l'abbaye de Saint-Mihiel. Vers 1520, Léonard étant mort, son représentant dut, sans doute, renoncer à son titre d'abbé, que le pape, à la prière du duc de Lorraine, abandonna à Louis, évêque de Verdun, élu en même temps par les religieux.

Ainsi nous croyons que tous les historiens se sont trompés en plaçant la nomination du cardinal de Volterre au moment, soit de la mort de Gérard de Fresnel, soit de celle de Pierre du Châtelet ; il fut simplement pourvu par Léonard de la Rovère, sans qu'il eût à se préoccuper de la succession des abbés réguliers : mais, au décès de chacun d'eux, il dut tenter de faire valoir ses droits et de réclamer, tout au moins, la continuation de sa pension, en faisant un procès au successeur élu par les religieux. — Nous ne doutons plus guère que Marcillat ait été nommé prieur de Saint-Thiébaut par François Soderini.

Il y a, dans tout ce qui précède, beaucoup de renseignements incomplets et de points d'interrogation ; nous comptons néanmoins que la collection de ces renseignements, qui n'avait jamais été entreprise, aidera à des comparaisons utiles et à la solution définitive de plusieurs des questions soulevées.